SER CRIANÇA É UMA DELÍCIA

DUDA MONSTER HIGH

SER CRIANÇA É UMA DELÍCIA

LeYa

ESTE LIVRO FOI REVISADO SEGUNDO O NOVO ACORDO ORTOGRÁFICO DA LÍNGUA PORTUGUESA.

EDIÇÃO DE TEXTO
MARINA BESSA

REVISÃO
LUANA BALTHAZAR

PROJETO GRÁFICO E DIAGRAMAÇÃO
BALÃO EDITORIAL

CAPA
VICTOR MAYRINCK

FOTOS
ALINE PORTUGAL E ARQUIVO PESSOAL

TRATAMENTO DAS FOTOS DE ARQUIVO PESSOAL
TRIO STUDIO EDITORA E GRÁFICA

ILUSTRAÇÕES DA CAPA
PROJETADAS POR FREEPIK

DADOS INTERNACIONAIS DE CATALOGAÇÃO NA PUBLICAÇÃO (CIP)
ANGÉLICA ILACQUA CRB-8/7057

Brucceli, Maria Eduarda
Ser criança é uma delícia / Maria Eduarda Brucceli. -- São Paulo: LeYa, 2016.
128 p.

ISBN: 978-85-441-0436-1

1. Brucceli, Maria Eduarda, 2005- Autobiografia 2. Internet - Vídeos 3. Vlogs (Internet) 4. YouTube (Recurso eletrônico) 5. Entretenimento I. Título

16-0616 CDD: 920

Índices para catálogo sistemático:

1. Autobiografia

LEYA EDITORA LTDA.
AV. ANGÉLICA, 2318 – 12º ANDAR
01228-200 – SÃO PAULO – SP
WWW.LEYA.COM.BR

SUMÁRIO

INTRODUÇÃO

Oi, pessoal! Tudo bem com vocês? Eu não sou muito de escrever, estou bem mais acostumada a gravar vídeos. Mas tanta coisa aconteceu na minha vida nos últimos anos, que fiquei com vontade de fazer um diário, contando pros meus amigos tudo o que aconteceu comigo até aqui. Uma coisa pra guardar pra sempre e relembrar quando a gente for bem velhinha! Não é uma boa ideia?

O mais legal é que eu amo ler e, por isso, eu sempre quis escrever um livro – pensava nisso muito antes de ter um canal no YouTube. Sempre comentei isso com a minha mãe. Então, essa é a realização de mais um sonho!

Antes de começar, eu gostaria de agradecer a todas as pessoas importantes pra mim. Especialmente, ao meu avô Carlos, que é o maior responsável pelo meu canal existir, à minha mãe, que me ajudou a conquistar tudo o que eu tenho e é minha melhor

amiga, à minha irmã, que me diverte e me acompanha nas aventuras mais doidas, e a todos os meus amigos e seguidores – sem vocês, nada disso estaria acontecendo.

Que bom ter vocês na minha vida! Quero ser uma filha legal e uma boa amiga para recompensar tudo o que vocês fazem por mim.

Gostei muito de escrever este livro que está agora nas suas mãos e espero que você goste dele tanto quanto eu! Depois quero saber o que você achou.

Um beijinho e boa leitura!

NOME:
Maria Eduarda Brucceli

IDADE:
11 anos

DATA DE NASCIMENTO:
5/1/2005

SÉRIE:
sexto ano

CIDADE:
Rio Verde, interior de Goiás

O QUE MAIS GOSTA DE FAZER NA VIDA:
gravar vídeos

UM DESEJO:
nunca deixar de ser criança!

COMO TUDO

Foi tudo uma grande brincadeira. Eu nunca sonhei em ser famosa e, se hoje eu estou aqui, é por causa da minha vontade de gravar vídeos e da maluquice do meu avô! Eu adorava assistir a vídeos de bonecas no YouTube e fiquei com vontade de fazer alguns mostrando as minhas bonecas também. Um dia, pedi pro meu avô gravar um vídeo meu. Ele, que sempre faz todas as minhas vontades, topou.

Fizemos um vídeo mostrando minha coleção de Monster High – na época, eu tinha 94 bonecas. Eu gostei da experiência e pensei em gravar outros vídeos sobre as novidades da minha coleção. E assim foi. Quando meu avô tinha tempo, a gente gravava alguma coisa e postava no canal dele (ele tinha um canal, em que postava vídeos de fotos para mostrar pra família dele, que mora no Sul). Aos poucos, a gente percebeu que os nossos vídeos estavam fazendo sucesso principalmente por causa dos fãs das Monster. E eu fui me empolgando cada vez mais.

COMEÇOU

Eu com 8 anos e o começo da minha coleção de Monster High.

No começo, eu só falava das bonecas. Depois, com a curiosidade das meninas e meninos que assistiam aos vídeos, comecei a mostrar meu quarto, minha rotina, minha irmãzinha... E os vídeos foram ficando tão populares, que meu avô acabou mudando o nome do canal dele para *Duda Monster High*! (Valeu, vô! O que seria de mim sem você? *-*)

POUCA COISA MUDOU

É muito engraçado ver esses vídeos hoje. Eu bem pequena (tinha 8 anos), magrela, falando rápido, toda enrolada! E a "produção" (ou seja, meu avô!) também não tinha muita experiência: é tudo meio escuro, sem muita edição, já repararam? (rs)

Mas o sucesso dos meus vídeos foi a prova de que o que interessa mesmo, muito mais do que uma produção chique e efeitos mirabolantes, é fazer as coisas que a gente gosta. Fazer com o coração.

Até hoje, mais de três anos depois, continuamos fazendo vídeos caseiros, com vovô-produção, mamãe-roteirista e primos-atores.

Aqui, com 11 anos, nos bastidores da gravação do vídeo da dentista louca (a dentista é uma amiga da minha mãe)!

Continuo apaixonada por Monster High, mas o canal ficou muito maior: virou um espaço em que compartilho as coisas que amo e, enquanto me divirto, ajudo meninas e meninos de todo Brasil a se divertirem também.

Eu adoro ser criança e fico muito feliz quando vejo que outras crianças perderam a vergonha de brincar, falar bobagem e fazer palhaçadas assistindo aos meus vídeos. Tudo tem seu tempo, gente: e este é o tempo de brincar e se divertir. Agora vou contar melhor essa história. Espero que vocês gostem!

1

QUEM SOU EU

Talvez você já me conheça. Mas talvez, não. Então, vou me apresentar. Meu nome é Duda. Duda Brucceli. Mas eu sou mesmo conhecida como Duda Monster High. Imagina por quê? Porque eu sou APAIXONADA pelas monstrinhas desde que eu tinha 7 anos! Aliás, colecionar bonecas e brincar com elas sempre foi um dos meus passatempos favoritos.

Eu vivo na cidade de Rio Verde, que fica no interior de Goiás. Toda a minha família está aqui! Eu moro com meu pai, minha mãe e minha irmãzinha Bebel. Mas também sou muito grudada com meus avós – vejo eles todos os dias!

A minha vida é bem comum: eu sou uma menina como você, que gosta de brincar, de encontrar os amigos, de ficar com a família. Essas são as melhores coisas da vida, não acha? Eu tenho certeza de que nós temos um monte de coisas em comum!

SERÁ QUE VOCÊ ME **CONHECE** DE VERDADE?

Marque as características que você jura que têm tudo a ver comigo e confira a resposta na próxima página! (Dica: só dez são verdadeiras!)

( ) sou tímida e reservada
( ) sou extrovertida
( ) sou megaorganizada
( ) sou bagunceira
( ) sou bem competitiva
( ) acho que é mais importante competir do que ganhar
( ) sou muito ansiosa
( ) sou calma
( ) tenho ciúme
( ) gosto de fazer planos para gastar bem o dinheiro que eu ganho
( ) sou gastadeira
( ) às vezes faço coisas escondida da minha mãe
( ) sou curiosa
( ) gosto mais de cantar do que de dançar
( ) tenho mania de roer as unhas
( ) tenho mania de mexer no cabelo
( ) tenho medo de bichos
( ) tenho medo do escuro
( ) sou a menina mais popular da minha turma
( ) sou persistente

VOCÊ ACERTOU SE DISSE QUE EU:

( ) sou tímida e reservada

Não parece, né? Mas eu sou muito tímida, gente! Nunca fui de falar muito com as pessoas nem sou a menina mais popular da turma. Fazer um canal no YouTube me ajudou muito com isso. Passei a me sentir mais confiante, a fazer mais amigos e a ter mais coragem de conversar com os outros.

( ) sou muito ansiosa

Eu fico tão nervosa nos dias de prova que às vezes passo até mal: me dá dor de cabeça, dor de estômago... Também costumo ficar nervosa quando tenho que apresentar algum trabalho em sala de aula.

( ) tenho ciúme

Sou ciumenta mesmo, gente. Quando a Bebel nasceu, eu não gostava que ninguém pegasse ela no colo: tinha que ser só minha! Hoje também tenho um pouco de ciúme da minha mãe (a Bebel fica muito grudada nela) e das minhas bonecas: não gosto que a Bebel brinque com elas sem me pedir. :(

( ) gosto de fazer planos para gastar bem o dinheiro que eu ganho

O dinheiro que eu ganho com o meu canal fica para mim. Mas eu não vou gastando tudo de uma vez. Eu gosto de juntar para comprar uma coisa que eu queira muito ou esteja precisando. Por exemplo: comprar algum equipamento de vídeo, presentes de Dia das Mães para a minha mãe ou algum brinquedo mais caro e que eu sempre sonhei em ter.

( ) tenho mania de roer as unhas

Verdade!!! Ou melhor, eu tinha. Não conseguia parar de roer as minhas unhas de jeito nenhum. Aí, a mamãe me fez uma proposta: se eu parasse de roer as unhas, ela deixaria eu passar esmalte na manicure toda semana. Funcionou, gente! Agora tenho conseguido deixar minhas unhas mais bonitas.

( ) sou bagunceira

Minha mãe reclama, e ela tem razão – sou meio bagunceira mesmo. Mas agora a mamãe está jogando duro pra eu melhorar. Eu tenho que deixar sempre meu quarto organizado, arrumar a minha cama e guardar todos os brinquedos antes de ir embora da fazenda. Juro que estou tentando, gente (cara de anjinho)!

( ) tenho medo de bichos

Quando a Bebel quer me deixar desesperada, ela coloca um ratinho de mentira no meio das minhas coisas. Eu fico doida! Eu tenho muito medo de bicho, tanto de brinquedo quanto de verdade. Eu tinha medo até de cavalo! Mas agora já perdi um pouco o medo deles e até estou aprendendo a andar na eguinha lá da fazenda.

( ) sou bem competitiva

Repararam que eu às vezes quase choro quando vou perder um desafio? Eu sei que isso não é legal, mas não gosto de perder. Quando começo uma brincadeira, tenho que ganhar, senão fico triste.

( ) sou curiosa

A minha mãe diz que nunca viu uma pessoa tão curiosa na vida. Gosto de saber de tudo, de conversar sobre tudo, desde novelas até política. O livro que eu mais amei nos últimos tempos foi *O livro das garotas audaciosas*, conhece? Uma espécie de almanaque que fala de um monte de coisa legal, de moda a caratê, além de contar histórias de mulheres incríveis.

( ) sou persistente

Minha mãe fala que eu ganho as coisas pelo cansaço. Pior que é verdade: quando eu quero muito alguma coisa, não desisto fácil. Foi assim com o meu canal, com minha festa de aniversário e com o intercâmbio que eu vou fazer no ano que vem (vou pro Canadá passar um mês estudando inglês!).

NÃO CONTA PRA NINGUÉM, MAS EU...

- **Odeio sujar o pé**
- **Adoro ir a médicos**
- **Não posso tomar leite comum (tenho intolerância a lactose)**
- **Cheiro as coisas antes de comer**
- **Sou louca por festa junina**
- **Não divido chocolate com ninguém!**
- **Não gosto de Harry Potter**

MINHA

Rio Verde é uma cidade que fica no interior de Goiás, a mais ou menos duas horas de carro de Goiânia, capital do meu estado. Rio Verde é pequena e, apesar de ter crescido muito nos últimos anos, ainda tem tipo de cidadezinha do interior. Sabe aquela coisa de todo mundo se conhecer, de todo mundo ter um pezinho na roça? Então! Eu gosto de morar aqui (ainda mais agora que inauguraram o shopping!), principalmente porque toda a minha família está por perto.

Em Goiás, a gente tem um sotaque diferente (às vezes tem algum comentário sobre isso nos vídeos). Tem gente que fala que parece sotaque mineiro. É meio parecido mesmo! É sotaque caipira, gente! Hahaha! Tem tanto sotaque diferente nesse Brasil, né? Eu não tenho vergonha do meu! E o seu, como é? Me conta lá no canal! Quem sabe não vira um vídeo? ☺

CIDADE

Em Rio Verde, todo mundo tem um pezinho na roça: inclusive eu!
Olha aí, montando a minha eguinha...

DICIONÁRIO DE "GOIANÊS"

Uai

A gente fala uai o tempo todo, principalmente em respostas. Por exemplo:

– Duda, quantos anos você tem?

– Uai, 11!

Tá boa?

Sinônimo de "tudo bem?"

– Tá boa, Duda?

– Tô! E você?

Tem base?

A mesma coisa que dizer "Pode uma coisa dessas?"

– Aquela menina não gosta de Monster High. Tem base?

Ah, néeein...

Quando você fica sabendo de alguma coisa que te deixa triste. Parecido com "Ahhh, não acredito..."

– Hoje vai ter prova surpresa.

– Ah, néeein...

Num dô conta

Quer dizer "não consigo".

– Duda, planta uma bananeira!

– Num dô conta...

Trem

Ah, isso a gente fala pra tudo. Trem é um sinônimo de "coisa".

– Eita trem gostoso!

– Pega aquele trem pra mim?

– Que que é esse trem? ☺

MEUS SONHOS

Eu tenho um caderninho onde anoto todos os meus sonhos. Quando eles se realizam, eu faço um X e risco eles da lista! Mas sempre aparecem sonhos novos, que a gente tem à medida que cresce. Então, a listinha de sonhos não termina nunca!

Eu já realizei alguns sonhos muito sonhados. Um deles, por exemplo, era chegar a 100 mil seguidores no YouTube. Outro era ter uma festa de aniversário da Monster High: foi meu aniversário de 8 anos, e a festa foi simplesmente maravilhosa – vou me lembrar dela pro resto da vida! Também queria muito ter uma irmã: que bom que consegui convencer a minha mãe. E, o mais recente deles, que era escrever um livro, estou realizando agora. ;)

Mas alguns sonhos ainda estão lá na minha lista. Quero muito ir para a Disney e, um dia, morar fora do Brasil. Outro sonho gigante: conhecer a atriz Larissa Manoela – ela é meu maior ídolo! E, agora, minha meta no YouTube aumentou: quero muito chegar a 1 milhão de seguidores. Já imaginou que sonho?

2

MINHA FAMÍLIA

Você já deve ter reparado que eu sou grudada com a minha família! Minha mãe, minha irmã e meus primos estão sempre nos vídeos. Meu avô está sempre atrás da câmera. Minha avó me mima mais que a minha mãe!

Família é tudo na vida da gente: a coisa mais importante do mundo!

Lu, a minha mãe

Quando eu nasci, a minha mãe decidiu parar de trabalhar para cuidar de mim e, depois, da minha irmã. Ela está sempre ao meu lado, em todos os momentos. Nós duas somos unha e carne. Eu conto tudo para ela, não costumo ter vergonha de falar de nada, nem de meninos. Quando eu acho algum menino bonito, comento com minha mãe e ela diz: "Pode achar bonito, mas namorar, só depois dos 14." (rs) Ela vive falando que tudo

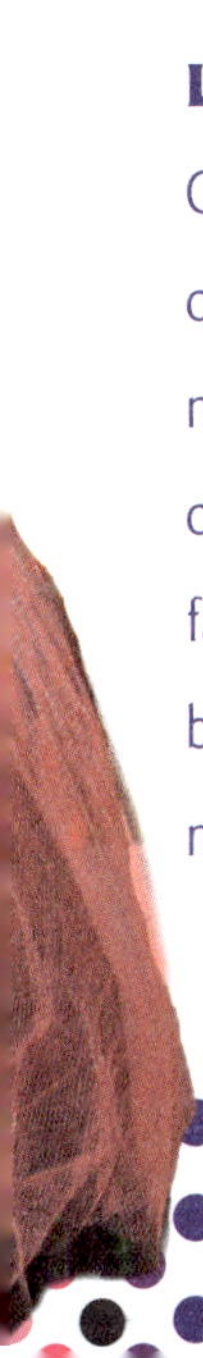

tem sua hora (e eu concordo!). Minha mãe é durona, bem rígida com a gente. Eu tenho horário pra dormir, pra acordar, pra estudar... E se faço alguma coisa errada, tem castigo! (O pior é ficar sem gravar vídeos.) Às vezes, eu acho que ela exagera. Por exemplo, ela não gosta que eu saia com as minhas amigas sozinha – ela tem que ir junto. Eu nem me importo (minha mãe é legal, gente!), mas tem amiga que não gosta. Por causa disso, muitas vezes eu acabo ficando de fora dos programas e, claro, fico chateada. Mas aí eu lembro que tem mães muito mais rígidas que a minha e acabo me conformando. Mãe é mãe, né? E eu amo a minha demais. <3

Osmar, meu pai

O meu pai trabalha na fazenda, por isso não fica em casa durante a semana. Mas nos fins de semana ele vem pra nossa casa e a gente tenta aproveitar bastante o tempo juntos. Ele trabalha muito e me ensinou a gostar das coisas da roça – terra, pomar, plantação. Eu simplesmente amo quando ele me leva para andar na colheitadeira da fazenda! Ele nunca aparece nos vídeos porque é muito tímido. Mas ele é um pai muito legal.

Meu pai, minha mãe, minha irmã e eu na festa de 4 anos da Bebel (foi com o tema Frozen!).

Bebel, minha irmãzinha

Fui eu que pedi uma irmãzinha para a minha mãe. Eu queria uma irmã para brincar comigo, para cuidar, para pentear o cabelo... A minha mãe nem pensava em ter outro filho: ela é filha única e achava que eu seria feliz sozinha. Mas eu não me conformava e, de tanto eu insistir, ela acabou cedendo. E aí veio a Isabella. Hoje ela tem 5 anos e é uma espoleta: travessa, toda engraçada, vive fazendo palhaçada. Ela me chama de Dada – esse virou meu apelido aqui em casa – e foi ela mesma quem decidiu que queria ser chamada de Bebel. Depois que ela apareceu no meu canal, ficou famosa – todo mundo quer ver a Bebel nos vídeos. Ela é minha amiguinha, mais ou menos como eu imaginei que seria mesmo (só que bem mais levada!). A gente briga bastante, como todo irmão, mas não se desgruda. Deixo ela participar de tudo, sem reclamar. Só não gosto quando ela bagunça o meu quarto!

Eu com a Bebel bebezinha: eu sonhava muito em ter uma irmã.

Minha avó e meu avô são os melhores avós do mundo!

Meu avô Carlos e minha avó Cleusa

Meus avós maternos são meu xodó. Eles estão sempre por perto. Almoço na casa deles algumas vezes durante a semana e durmo lá direto também. Minha avó faz todas as minhas vontades, por isso eu adoro ficar com ela – minha mãe fala que parece que eu gosto mais da minha avó do que dela! Hahaha! Já meu avô é o meu anjo da guarda! Foi ele que deu minha primeira Monster High, que teve a ideia de montar o meu canal, que me leva para passear no shopping e me ajuda em tudo o que eu preciso. Meu avô é diferente da maioria dos avös. Ele é jovem e moderno: entende de redes sociais e sabe editar vídeos. Muita sorte, né? Ele é meu *videomaker*, meu diretor e minha "produção" até hoje! <3 E o que você não sabe: ele cozinha muuuuito bem. Simplesmente amo a lasanha de frango que ele faz!

Lucas, meu primo

O Lucas tem 14 anos e é um menino comum. A gente sempre foi muito amigo, ele estuda na minha escola e sempre me defende e me protege. A ideia de colocar o Lucas em um vídeo foi do meu avô (sempre ele!). Ele estava ali, de bobeira, e resolvemos chamá-lo para fazer o vídeo da ligação para as fãs. Gente, as meninas amaram! Elas ficaram loucas! Acharam que ele era gato e até deram o apelido de "galãzinho do YouTube". Aí ele foi pegando gosto pela coisa e topando aparecer cada vez mais nos vídeos (para alegria geral da galera). Cá pra nós, acho ele bem desajeitado e meio enjoadinho na hora de gravar. Sem contar que ele é péssimo para decorar os textos: tivemos que repetir o vídeo dos tipos de marido umas dez vezes! Mas, ok, eu gosto do Lucas, até que ele é legal. Mas, anota o recado aí, Lucas: se trocar o canal por uma namoradinha, vou te substituir pelo Jader, hein? Hahahahaha!

Selfie com o Lucas, o galãzinho do YouTube!

"A Duda foi uma filha muito planejada e querida. Quis que ela se chamasse Maria Eduarda, que era o nome de todas as minhas bonecas de infância. A gente morou na fazenda até a Duda completar 4 anos. O meu marido saía para trabalhar às 6h da manhã e só voltava às 7h da noite. Então, ficávamos só nós duas. Por isso a gente é assim, tão grudada. A Duda é a filha que toda mãe pediu a Deus: doce, meiga, obediente, companheira. Eu relutei um pouco em deixar que ela postasse vídeos na internet, mas no fim concordei – eu queria vê-la feliz. Mas acho importante que ela saiba que a vida não gira em torno dela e que ter um canal não a faz melhor que ninguém. Ser mãe também é isso. Quero que ela continue sendo uma menina legal, humilde e generosa."

Luécia, mãe da Duda

"Eu gosto muito da minha irmã, Dada. A gente brinca muito: de boneca, de casamento, no quarto dela... Ela é mais velha que eu, mas mesmo assim ela é minha melhor amiga. Às vezes a gente briga, mas logo a gente pede desculpa e fica tudo bem. Eu amo fazer vídeos com ela. Os que eu mais gosto são os de teatrinhos, como o dos tipos de bebês. Eu queria ter um canal no YouTube igual à minha irmã, por isso pedi pro meu vô criar um canal pra mim!"

Bebel, irmã da Duda

"Eu não sou o avô de sangue da Duda. Na verdade, sou seu 'vôdastro', porque sou padrasto da Luécia. Mas eu estou na família desde muito tempo antes de a Duda nascer e, por isso, considero ela e a Bebel minhas netas de verdade. Eu faço tudo por elas – tudo o que elas me pedem, dou um jeito de conseguir. Quando a Duda quis começar a gravar vídeos, ganhei uma nova profissão: a de produtor dela! A Duda é uma menina meiga e reservada, mas ela se transforma diante da câmera. Quem conhece a Duda no dia a dia não acredita que ela possa ser tão espontânea nos vídeos! Que bom que eu posso participar disso."

Carlos, avô da Duda

3

MINHA ROTINA

O meu dia começa bem cedo: às 6h30 da manhã. Minha mãe me acorda, eu troco de roupa, tomo café da manhã e corro pra escola. Como o meu colégio fica bem pertinho da minha casa, eu consigo estar dentro da sala às 7h da manhã. E as aulas só terminam às 12h30.

Tem dias em que eu almoço na casa da minha avó, mas normalmente eu como em casa mesmo (às vezes minha mãe traz uma marmita da casa da minha avó pra mim!). A Bebel vai para a escola no período da tarde, então a casa fica um sossego.

Em alguns dias da semana, eu volto pra escola à tarde pra fazer aulas de reforço ou pra jogar basquete e vôlei. Esses são os esportes que eu pratico. Eu não sou das melhores, mas também não sou das piores do time. Estou melhorando! O meu problema é que não gosto de perder, então fico sempre nervosa na hora de jogar.

Terças e quintas, eu tenho inglês. Nos dias em que eu não tenho nada disso, eu descanso um pouquinho depois do almoço, dou uma olhada no celular e depois começo a estudar. Minha mãe é bem rígida em relação aos estudos. Todos os dias eu tenho que estudar por pelo menos uma hora.

No tempo que sobra, eu gravo os vídeos pro meu canal, brinco de boneca, brinco com a minha irmã, assisto a um pouco de desenho ou séries no computador. Mais ou menos como toda menina da minha idade, né?

À noite

Antes de dormir, eu e a Bebel gostamos de assistir à novela das 7h deitadas na cama da minha mãe. A gente janta, toma banho e... novela! Ai, como é bom: nós três juntas vendo televisão à noite. É tão relaxante, vai dando uma moleza...

Quando a novela acaba, não tem papo: é hora de ir pra cama. Sim, gente, eu tenho horário para dormir e é às 20h30 (falei que minha mãe é durona!). E aqui em casa não tem negociação – é escovar os dentes, arrumar a cama e deitar.

Às vezes o sono não chega logo. Fico pensando nas coisas que eu fiz no dia, nas ideias para vídeos novos, no que vou fazer no dia seguinte (e às vezes dou uma olhadinha no celular – não fala pra minha mãe! Hihi) e aí o sono vem.

Eu durmo sozinha no meu quarto e a Bebel dorme no quarto dela. Minha cama é grande, mas eu preciso de uns travesseiros do meu lado e do meu cobertor preto de Monster High para me sentir aconchegada. No dia seguinte, a mamãe vem me acordar para ir pra escola. E começamos tudo de novo...

Menos na sexta-feira. As sextas-feiras são diferentes. Nesse dia, meus pais gostam de fazer programas de adulto e eu e a Bebel vamos dormir na casa da vovó. A gente adora! A vovó sempre espera a gente com alguma coisa gostosa – eu amo quando ela faz pipoca ou pede pizza! –, deixa a gente ficar assistindo televisão até mais tarde, é uma farra. Na hora de dormir, a gente expulsa o meu avô da cama e dormimos todas grudadas: a Bebel, a vovó e eu. Nos sábados a gente também costuma dormir lá – imagina a bagunça que não é! Amo muito. <3

MINHAS COMIDAS FAVORITAS:

- Pizza
- Lasanha
- Pipoca doce
- Sorvete
- Batata frita com bacon!
- Chocolate

COISAS QUE ME TIRAM DO SÉRIO:

- Acordar cedo
- Ficar sem celular
- Semana de prova
- Quando a Bebel bagunça meu quarto
- Ver comentários maldosos nos meus vídeos

MEUS

Eu estudo na mesma escola desde que eu tinha 4 anos. Então, lá eu me sinto em casa! Os professores são muito legais e eu tenho amigos de muito tempo.

Minha melhor amiga é a Giovana. A gente tem uma amizade muito verdadeira. Sei que eu posso confiar nela. Eu conto meus segredos pra ela e ela não conta pra ninguém. Pra mim, amigo é isso. É alguém com quem a gente gosta de conversar, pra quem a gente conta tudo!

Mas também tenho outros quatro amigos que estão na lista de BFFs: a Maria Eduarda, a Mariana, o Vítor e o Lorenzo. Eu tenho muitos amigos meninos. Eu gosto de ter amigos meninos porque eles são engraçados, divertem a gente.

Esses meus amigos são muito importantes na minha vida. Eles me ajudam nos momentos em que eu preciso.

AMIGOS

Na página anterior, meus amigos Marina, Lorenzo e Aline. Aqui, o Lorenzo e a Isabella. As duas fotos foram tiradas na nossa escola.

Como, por exemplo, durante uma fase difícil que passei este ano. Alguns alunos mais velhos começaram a me zoar na escola. Eles tiravam sarro de mim por causa do meu canal, zoavam fingindo que queriam meu autógrafo, ficavam fazendo piadinhas bobas quando eu passava, colocavam o pé pra eu tropeçar e até jogavam água em mim.

Isso durou mais ou menos um mês. O mês todo, todos os dias. Eu chegava em casa triste, emburrada, não queria voltar para a escola, passava mal de dor no estômago e dor de cabeça.

Os meus amigos e o meu primo Lucas me defendiam – teve um amigo meu que foi lá me defender contra os mais velhos e acabou apanhando, tadinho. Eu estava me sentindo muito ameaçada.

Não sei por que, mas não contei logo pra minha mãe. Demorou um pouquinho pra eu ter coragem de me abrir com ela. Mas, de tanto ela perguntar, acabei contando. Foi a melhor coisa que eu fiz. A minha mãe conversou com a diretora e, aos poucos, tudo foi se acalmando. Alguns meninos até me pediram desculpas.

Agora eu me sinto bem mais forte e confiante, mas não foi fácil passar por esse período. Como eu não tinha coragem de rebater, de retrucar as pessoas que me zoavam, eu não teria conseguido resolver esse problema se não fosse a ajuda da minha mãe e da diretora. E o apoio dos meus amigos verdadeiros, claro.

SE VOCÊ TAMBÉM SOFRE BULLYING:

Você não precisa – nem deve – aceitar essa situação. A melhor forma de acabar com ela é denunciando.

Não desconte nos outros – não é legal repetir o que estão fazendo com você.

Não esconda dos seus pais. Eles te amam, podem te ajudar na conversa com a escola e vão te dar o apoio necessário para atravessar essa fase difícil.

Não se culpe: você não fez nada errado.

Procure a coordenação ou a direção e conte o que está acontecendo. É papel da escola resolver esse conflito e encontrar uma punição para o agressor.

Não esconda esse assunto de ninguém: tem muita gente que passa por isso e sua história pode dar forças para outros colegas se manifestarem.

Não se preocupe se você vai perder amigos: quem gosta de você vai continuar ao seu lado.

NA ESCOLA

Meus amigos de verdade não ligam se eu sou famosa ou não. Eles me conhecem desde que eu sou pequenininha, ninguém lembra que eu tenho um canal no YouTube. Sou a Duda e pronto. Mas é claro que tem gente que quer se aproximar porque sabe que meu canal ficou grande – às vezes eles querem dicas para fazer um canal também ou só que eu apareça nos vídeos deles. Tudo bem, né, gente? Faz parte!

Mas o fato é que na escola eu sou uma menina bem normal. Não sou a melhor aluna da sala, mas sou esforçada. Minhas matérias favoritas são história, ciências e filosofia (comecei a ter filosofia este ano e estou amando!). As matérias que eu menos gosto são português e matemática. E agora geografia. Antes eu gostava, mas, agora, não sei por que, estou tendo muita dificuldade. A gente está aprendendo sobre os rios e eu acho muito difícil decorar as coisas. Não tenho a menor paciência. E aí, na hora da prova, vem um branco – some tudo da minha cabeça! É desesperador! Outro dia mesmo, o tempo se esgotou e eu não tinha conseguido terminar. O professor recolheu a prova e ainda faltava uma questão! Ai, fiquei tão nervosa que chorei. Voltei pra casa com dor de cabeça, até.

A mamãe sempre diz que isso acontece comigo porque eu sou muito ansiosa. Eu presto atenção na aula, tomo nota, mas na hora me vem um nervoso – quando o professor entrega a prova me dá vontade de chorar! Então, agora estou tentando trabalhar isso. Na época de prova, eu reviso a matéria antes de dormir e acordo um pouquinho mais cedo para reler o conteúdo. Antes da prova, eu sempre rezo e penso nas coisas que a minha mãe me diz: que vai dar tudo certo, que eu vou dar conta. E, assim, estou conseguindo me acalmar. Ainda fico nervosa, mas já estou bem melhor.

E tem gente que acha que vida de estudante é fácil, né?

MATÉRIAS QUE EU MAIS GOSTO:

- Ciências
- História
- Filosofia

MATÉRIAS QUE EU MENOS GOSTO:

- Português
- Matemática
- Geografia

O QUE EU MAIS GOSTO NA MINHA ESCOLA:

De ter aulas mais livres, que saiam da rotina. Adoro quando o professor inventa jogos ou passa documentários.

O QUE EU MENOS GOSTO NA MINHA ESCOLA:

Daqueles professores terroristas, que já entregam a prova falando que está difícil e fazendo pegadinhas para confundir a gente.

NA FAZENDA

*Minha mãe, meus primos Jader e Lucas,
a Bebel e eu dando um rolê de caminhonete.*

Aqui em Goiás é muito comum as pessoas terem fazenda. O meu pai é fazendeiro e, por isso, desde pequenininha eu fui acostumada à vida na roça. A gente vai pra fazenda pelo menos uma vez por mês e passa todo o fim de semana lá. É muito bom, eu adoro.

O que eu mais amo é andar a cavalo. Mas eu também gosto de andar de quadriciclo e de dirigir o Gator, que é um trator pequenininho (sempre com o meu pai ou a minha mãe por perto, claro).

Lá na roça é legal porque tem coisas que na cidade não tem. Chão de terra, mato, árvore de fruta, canto de galo e passarinho, muuuuito espaço para brincar. Você já comeu jabuticaba? Eu adoro pegar jabuticaba no pé! Outra coisa muito legal é a lavoura de algodão – mostrei até em um vídeo. A gente vê o algodão dentro do saquinho na farmácia e nem imagina que ele dá em árvore. E a plantação é uma beleza! Tem tanto algodão que a paisagem fica toda branquinha, de perder de vista.

Sempre que a gente vai pra fazenda, leva algum primo junto – aí a diversão é ainda maior!

COISAS QUE EU AMO

Tem dias que o tempo não passa. A gente está sozinha em casa, o céu está nublado, não tem nada pra fazer. Que nem nas férias. É ótimo ficar de férias, mas chega uma hora que os dias viram um tédio só!

Quando eu começo a ficar entediada, já penso logo em alguma coisa pra me distrair. Eu posso chamar o meu vô pra gravar um vídeo, marcar um encontro com as minhas amigas, inventar uma brincadeira nova com a Bebel... Eu amo inventar coisas!

Outra coisa que eu amo é fazer listas. Sabe, listas de coisas legais, de sonhos, de ideias? Fiz um monte de listas de tudo o que eu mais amo. Elas podem inspirar você em um dia chuvoso e chato!

MEUS

5 APLICATIVOS

FAVORITOS:

1. Instagram
2. YouTube
3. WhatsApp
4. Snapchat
5. Facebook

OS

5 JOGOS DE VIDEOGAME

QUE EU MAIS GOSTO:

1. Just Dance
2. The Sims
3. Frozen
4. Super Mario
5. Boliche

MINHAS 5 BRINCADEIRAS FAVORITAS:

1. **Pique-pega**
2. **Esconde-esconde**
3. **Polícia e ladrão**
4. **Queimada**
5. **Mãe da rua**

MEUS 5 PROGRAMAS DE TELEVISÃO FAVORITOS:

1. ***Cúmplices de um resgate* <3**
2. ***Carrossel*** (assisti mil vezes!)
3. ***Once Upon a Time*** (melhor seriado)
4. ***Jessie***
5. ***Monster High*** ☺

7 MÚSICAS
QUE TOCAM SEM PARAR NO MEU CELULAR

1. **"Essa mina é louca"** (Anitta)
2. **"Blank Space"** (Taylor Swift)
3. **"Cool for the Summer"** (Demi Lovato)
4. **"Heart Attack"** (Demi Lovato)
5. **"Bang"** (Anitta)
6. **"Hello"** (Adele)
7. **"Fight Song"** (Rachel Platten)

5 ÍDOLOS
DO MEU CORAÇÃO

1. **Larissa Manoela** (sou louca por ela!)
2. **Anitta**
3. **Demi Lovato**
4. **Kéfera**
5. **João Guilherme Ávila** (lindooo!)

MÃE DA RUA

Você sabe brincar de Mãe da Rua? É uma brincadeira típica da minha região, Centro-Oeste. É legal para brincar no quintal, em quadras ou em alguma praça.

Funciona assim:

1. Reúna seus amigos. Divida o grupo em dois times, deixando alguém para ser a mãe da rua.

2. Com um giz ou uma fita crepe, desenhe duas riscas paralelas, com uma distância de pelo menos uns 3 metros entre elas. Dentro das linhas, é a rua. Fora delas, as calçadas.

3. Cada grupo fica em uma calçada e a mãe da rua fica no meio.

4. Os participantes têm que atravessar de uma calçada para a outra pulando em um pé só, tentando fugir da mãe da rua.

5. O time que terminar com mais participantes invictos, ganha!

QUEM SOU EU EM:

***Carrossel*:**
sou a Maria Joaquina. Não por causa do jeito, mas por causa do estilo (quando eu era menor, também usava luvinhas e tiara pra ir pra escola).

***Jessie*:**
eu sou a própria Jessie! Ela é atrapalhada e isso me define muito!

Cúmplices de um resgate: a Manoela, porque ela tem um jeito fofo e meigo.

Detetives do prédio azul: a Mila, a menina detetive que é bem gulosa, ama doces e, como eu, é bem insistente.

Chiquititas: Mile. Ela é companheira, sempre dá conselhos pros amigos e sempre compra brigas pra defender os colegas.

Once Upon a Time: Emma, ela é bem legal e sempre ajuda os outros personagens.

Monster High: sou a Draculaura, né, gente? Acho que a gente se parece no jeitinho de falar meio enroladinho e demorar um pouco pra pensar!

JÁ PARA A COZINHA!

Eu adoro comer e também gosto de cozinhar. Não que eu seja uma expert, mas eu gosto de aprender receitas fáceis e gostosas, que dá pra fazer (quase) sozinha.

Aprender receitinhas é legal principalmente quando a gente está de férias, sem ter muito o que fazer. Aí a gente pode chamar os primos, umas amigas ou até fazer um chá de bonecas com comidinha de verdade!

Minha especialidade é brigadeiro. Eu e minha mãe selecionamos três receitas muito facinhas e que ficam deliciosas pra ensinar pra vocês. Hummm.... Já está me dando água na boca!

BRIGADEIRO DE CHOCOLATE BRANCO

Ingredientes:

- 200g de chocolate branco picado
- 1 caixinha de creme de leite
- 2 caixinhas de leite condensado
- 2 colheres (sopa) de margarina
- 4 colheres (sopa) de leite em pó

Como fazer:

Primeiro de tudo, derreta o chocolate no microondas. Coloque todos os outros ingredientes em uma panela. Por último, coloque o chocolate derretido ainda quente. Leve a panela ao fogo e mexa com uma colher. Só pare de mexer quando a mistura desgrudar do fundo da panela. Coloque em uma vasilha e espere esfriar. Você pode comer com colher ou fazer bolinhas cobertas com chocolate ralado!

BRIGADEIRO BICHO-DE-PÉ

Ingredientes:

- 2 caixinhas de leite condensado
- 1 caixinha de creme de leite
- 2 colheres (sopa) de margarina
- 8 colheres (sopa) de Nesquick morango

Como fazer:

Misture todos os ingredientes em uma vasilha e leve ao fogo. Fique mexendo até o brigadeiro começar a soltar do fundo da panela. Coloque em uma vasilha para esfriar. Se quiser fazer bolinhas, enrole o doce e passe no Nesquick.

BRIGADEIRO DE CONFETI

Ingredientes:

- 2 caixinhas de leite condensado
- 1 caixinha de creme de leite
- 2 colheres (sopa) de margarina
- 6 colheres (sopa) de chocolate em pó

Como fazer:

Misture todos os ingredientes na panela e leve ao fogo, mexendo sem parar. Quando o doce começar a desgrudar da panela, desligue o fogo e deixe o brigadeiro esfriar. Faça bolinhas e passe em mini--Confetis. Se quiser, também dá pra colocar em um copinho transparente e jogar os Confetis por cima!

5

MONSTER HIGH

Um dia, meu avô chegou na minha casa com um folheto na mão. Era um desses folders que a gente pega em loja, sabe? Esse papel falava de uma nova coleção de bonecas, que estava acabando de chegar ao Brasil: eram as Monster High.

Eu tinha uns 7 anos e, até então, gostava muito de brincar de Barbie. Eu sempre gostei de bonecas mocinhas, nunca fui muito fã de bonecas bebê, não sei por quê (a única boneca bebê que eu gostei na vida foi uma que vinha com um lavatório para lavar a cabeça). Ninguém aguentava mais me dar Barbie de presente e meu avô queria que eu me interessasse por outra coisa.

Eu não liguei muito. Mas o meu avô – insistente! – me deu uma daquelas bonequinhas esquisitas de presente de Dia das Crianças.

Não esqueço até hoje. Era uma Draculaura Passeio no Shopping. Eu olhei aquela monstrinha e achei a minha cara: ela tinha uns dentões (eu também tenho!), usava franjinha, gostava de rosa e preto e amava saltões (eu sou apaixonada pelos sapatos de salto alto da minha mãe!). Pronto! A fase da Barbie tinha acabado de passar. Minha nova paixão era Monster High!

Antes da modinha

Na época, ninguém conhecia muito essas bonecas. Eu falava para as minhas amigas:

– Eu AMO Monster High!

E elas perguntavam:

– Hã? O que é isso?

Teve até um dia que eu levei uma amiga pra minha casa pra mostrar as minhas bonecas MH. E ela falou:

– Que bonecas feias são essas?

Nossa, eu fiquei com tanta raiva, mas com tanta raiva, que eu tranquei ela pra fora do meu quarto e só abri de novo depois que ela me pediu desculpas e disse que achava as bonecas bonitinhas! Hahahaha!

Muitas meninas achavam as Monster feias. Eu defendia as monstrinhas o tempo todo! O fato de não serem perfeitas era justamente o mais legal nelas. Elas não eram certinhas, riquinhas, patricinhas. Tem Monster torta, de um olho só, com seis braços... A MH nos ensina que ninguém é perfeito, que cada um tem sua personalidade, e que isso é ótimo!

Reconhecem? É a Cleo de Nile!

Só sei que Monster High virou uma obsessão na minha vida: minha mãe diz que eu só falava disso, só queria brincar disso, só queria ganhar isso. E é verdade! Eu baixava os filmes antes de todo mundo e assistia em qualquer língua, mesmo sem entender nada! Hahaha!

A minha sorte é que a minha mãe entrou comigo nessa história. No fundo, ela também se apaixonou pelas monstrinhas e me incentivou a colecionar – não dá pra colecionar nada sem o apoio da mãe, não é verdade?

Olha a minha mãe, que doida: um carrinho de supermercado cheio de compras Monster High!

TUDO POR UMA MONSTER HIGH

A gente fez as maiores loucuras pelas bonecas! Minha mãe acompanhava um monte de grupos de MH no Facebook e a gente ficava sabendo de todas as novidades, de todos os lançamentos. Mesmo das bonecas que não existiam ainda por aqui.

A Webarella, por exemplo, é uma boneca que nunca foi lançada no Brasil. Sorte que o fabricante trouxe vinte unidades para cá e fez um concurso: precisava mandar uma foto, um texto ou um desenho falando da personagem. Tudo isso ia para um site e os mais votados ganhariam a boneca. Gente, foi uma loucura! Meu avô me ajudou a escrever um texto e a gente mobilizou todo

Eu no mar de Monster High!

mundo que a gente conhecia para votar em mim! No final, fiquei em segundo lugar e ganhei minha Webarella.

Teve outra história muito maluca. Fiquei doida com a Escola Monster, mas ela não tinha sido lançada por aqui ainda. Minha mãe comprou pela internet, mas o correio perdeu ela no caminho. O maior drama do mundo! Sorte que, no fim, conseguimos resgatá-la!

Eu amo todas, mas a Draculaura é a minha queridinha!

Também foi muito difícil conquistar minha dupla de Iris e Manny, que eram bonecos exclusivos. Era um lançamento da Grécia e a gente deu um jeito de achar alguém por lá que pudesse nos enviar o casal de bonecos.

Isso sem contar a vez que minha mãe voltou dos Estados Unidos carregando o Castelo na bolsa de mão. Um trabalho danado, mas valeu muuuito a pena! <3

MINHA

Com esse vício todo, acabei virando a maior colecionadora de Monster High do Brasil. Hoje tenho 330 bonecas!

É muita coisa, né, gente? Imagina para guardar todas elas e deixar as bonecas sempre arrumadinhas?

Todas as minhas Monster High ficam expostas em prateleiras no meu quarto. Elas ficam separadas por coleção. Na frente, eu deixo as mais bonitas, as mais raras e também as primeiras bonecas de cada personagem. Atrás, deixo as bonecas mais comuns. Mas, às vezes, fico com saudade de alguma e troco as bonecas de posição.

Para limpar isso tudo é um drama. Dia de faxina para mim, era uma tortura! Minhas bonecas caiam, saiam do lugar, se desarrumavam. Era um baita chororô, como diz a minha mãe.

COLEÇÃO

Aí chegamos a um acordo: só quem mexe nas minhas bonecas somos eu e o meu avô. Uma vez por mês fazemos um mutirão e vamos limpando de uma em uma, sem tirar do lugar.

Os playsets, que são os apetrechos das bonecas, ficavam no chão. Mas de tanto minha mãe reclamar, acabei guardando no meu armário de brinquedos e tiro só quando vou brincar. Mas as Catacumbas (a casa das MH) continuam lá!

Lembra das compras? Chegaram! hahaha

AMOR ETERNO

Eu ainda amo muito as minhas Monster. Continuo brincando com elas, mas agora de um jeito um pouco diferente. Antes, eu criava histórias, inventava diálogos, passava horas montando e desmontando casinha. Agora eu me divirto mais cuidando das minhas bonecas – gosto de pentear o cabelo, de trocar as roupas, de arrumar os acessórios. Continua sendo incrível!

MINHAS 5 MONSTER HIGH FAVORITAS:

1. **Draculaura Sweet Screams**
2. **Frankie Stein Foto de Terror**
3. **Nefera Boo York**
4. **Catty Noir básica**
5. **Webarella básica**

MEUS DESENHOS FAVORITOS:

1. ***Conheça a Draculaura***
2. ***Conheça a Cleo***
3. ***Conheça a Frankie***
4. ***Dia de foto***
5. **O filme *Dia dos Namorados*** (este eu vi mais de dez vezes!)

3 LIÇÕES QUE APRENDI COM MONSTER HIGH:

1. **A gente deve sempre ajudar e respeitar o próximo**
2. **A gente não deve se achar melhor do que ninguém**
3. **A beleza não vem de fora, e sim de dentro**

DICAS PARA SER COLECIONADORA

(DE MH OU DE QUALQUER OUTRA COISA!)

Comece pelos mais comuns: eles costumam ser mais baratos e acessíveis, assim você consegue ter mais quantidade.

Conte para todo mundo que você é fã daquilo: aí ninguém vai ter dúvida do que te dar de presente!

Junte todo dinheirinho que você ganhar para comprar aquelas peças mais raras e caras.

Participe de grupos nas redes sociais para saber de lançamentos, trocas e concursos.

Fique de olho nos sites especializados – eles trazem todas as novidades!

COMO MANTER SUAS BONECAS LINDAS:

1. Penteie o cabelo com os pentes e escovinhas próprios para bonecas.

2. Guarde as roupinhas e os acessórios extras em uma caixinha separada.

3. Não deixe juntar pó: a poeira mancha o rostinho das bonecas. O ideal é limpar com um paninho úmido.

4. Reserve um lugar para expor as bonecas – assim elas não ficam amassadas em caixas ou gavetas.

DICA

UMA TÉCNICA ESPECIAL PARA LAVAR CABELO DE BONECA

Minha mãe viu este truque na internet.
A gente testou e deu super certo!
Veja o passo a passo:

1. Lave o cabelo da sua boneca com detergente. Enxágue e lave de novo.

2. Penteie o cabelo da boneca.

3. Em uma bacia, coloque água com amaciante. Deixe o cabelo da boneca de molho por pelo menos uma hora.

4. Seque com uma toalha e penteie.

5. Ferva um pouco de água e jogue a água quente no cabelo da boneca (é muito importante pedir ajuda a um adulto, para não correr o risco de se queimar).

6. Em seguida, jogue água com gelo para fazer um choque térmico nos fios.

7. Penteie e deixe secar naturalmente.

VOCÊ SABE TUDO SOBRE MONSTER HIGH?

1. QUEM É O NAMORADO DA DRACULAURA?

2. QUAL É A MAIOR INIMIGA DA CLEO?

3. QUAL PERSONAGEM DE MONSTER HIGH PARTICIPA TAMBÉM DO *EVER AFTER HIGH*?

4. EM QUAL EPISÓDIO A INVISI BILLY, A TWYLA E A CATTY NOIR TENTAM SE ESCONDER DAS PESSOAS?

5. QUAL FOI O PRESENTE MAIS IMPORTANTE QUE A DRACULAURA GANHOU NO SEU ANIVERSÁRIO DE 1600 ANOS?

6. QUAL É A CURIOSIDADE SINISTRA DA SKELITA?

7. QUAL É O BICHINHO DE ESTIMAÇÃO DA FRANKIE?

8. QUAIS SÃO AS BFFs DA CLAWDEEN?

9. QUEM É O NAMORADO DA SPECTRA VONDERGEIST?

10. QUEM É O PAI DA C.A. CUPID?

RESPOSTAS

1. Clawd Wolf.
2. Toralei.
3. C.A. Cupid.
4. Clube secreto.
5. Um carro.
6. O seu esqueleto treme quando algo monstruoso acontece.
7. Um cachorrinho chamado Watzit.
8. Frankie e Draculaura.
9. Invisi Billy.
10. Eros.

QUANTAS PERGUNTAS VOCÊ ACERTOU?

Até 4 perguntas:

Ihhh. Você está um pouco por fora, amiga. Recomendo assistir aos episódios "Conheça" (a Clawdeen, a Cleo, a Draculaura, a Frankie, a Ghoulia e a Lagoona). Depois refaça o teste!

Entre 5 e 8 perguntas:

Você é tipo a Frankie. Não é a melhor da sala, mas consegue enganar bem! Hihihi. Para ficar craque, passe um dia estudando a lista de curiosidades sobre as personagens no site de MH.

Mais de 8 perguntas:

Você é minha concorrente. Na Escola Monster, você certamente seria a Ghoulia: a mais sabida da sala!

6

YOUTUBE

O meu canal surgiu meio por acaso. Tive a sorte de ter o meu avô ali do lado, cheio de disposição e ideias. Foi ele quem gravou meu primeiro vídeo, que montou meu canal e que estava sempre a postos para gravar o próximo vídeo.

Até hoje, depois de mais de três anos e milhares de seguidores no canal, é ele quem fica por trás da câmera, que edita e sobe os vídeos, que monitora os números de audiência e que dá a maior parte das ideias.

Se bem que, nesses dois últimos itens, o trabalho é bem em grupo. Às vezes em penso em um tema, às vezes a minha mãe tem uma sacada boa...

As ideias vêm de todo lado: eu fico de olho no que dá certo nos outros canais para me inspirar, meu vô fica atento aos números para entender o que os seguidores gostam de ver, minha mãe não desgruda dos comentários e anota todos os pedidos que as meninas e os meninos fazem por lá.

A gente tenta agradar todo mundo, mas nunca dá pra saber muito bem o que vai dar certo. Tem vídeo que a gente tem certeza que vai bombar e não vai tão bem. Tem outros que a gente acha que não vai dar em nada e viram um sucesso.

O vídeo que a gente achou que seria um sucesso e não foi:

"Tour pela minha casa"

As pessoas pediam tanto pra eu gravar lá em casa (mandavam até mensagem no Face da minha mãe pedindo pra ela autorizar), que, quando finalmente a minha mãe deixou, a gente tinha certeza de que ia bombar muito. Ele foi bem, mas não chega nem perto dos mais vistos.

Os vídeos que a gente achou que não iam dar em nada e foram um sucesso:

"Atropelaram minha Baby Alive"

"Duda e Bebel tomando a vacina da gripe"

Esses a gente fez sem nenhuma pretensão e foram muuuuito bem!

Meu vídeo favorito:

"Show do milhão"

Gravei esse vídeo com meus primos Jader e Lucas. Ele nem fez tanto sucesso, mas foi muito divertido gravar e eu amei o resultado!

O vídeo que eu menos gosto:

"Tipos de namorado"

Eu não gostei de gravar e nem do resultado. Foi meio estranho porque eu gravei com o Lucas, que é meu primo e não meu namorado. E ainda tive que ficar ouvindo um monte de piadinha na escola...

Um vídeo que eu me arrependi de fazer:

"Meus presentes de Monster High"

Eu ainda não tinha experiência com vídeo, mostrei muita coisa, não explicava direito cada uma. As pessoas ficaram achando que eu era metida e arrogante. Fiquei meio triste. Se pudesse voltar atrás, não faria desse jeito de novo.

Um vídeo que eu ainda quero fazer:

"Tipos de garotas"

Tive essa ideia há pouco tempo: quero muito chamar minhas amigas mais próximas para gravar esse vídeo. Vai ser muito divertido e as meninas vão gostar de participar do canal!

ERA UMA VEZ

O vídeo mais visto do meu canal é o que eu mostro a minha casinha de bonecas. Foi um desses vídeos que a gente grava sem pensar muito e que foi um sucesso gigantesco (ele tem mais de 15 milhões de visualizações!).

Mas eu tenho uma notícia muito triste: a casinha não existe mais... Tudo aconteceu durante uma festa de aniversário do meu pai. A minha casinha já estava meio capenga, por isso a gente deixou ela trancada e minha mãe pediu para as crianças não entrarem lá. Mas sabe como é: sempre tem alguém que desobedece, né? Eu estava cantando com um amigo quando vi umas crianças arrombando a porta da casinha, chegaram a quebrar o espelho e a caminha. Fiquei tão chateada que comecei a chorar. No fim, eles até pediram desculpas, mas a casinha já não tinha mais conserto – meu pai teve que desmontar no dia seguinte.

Agora fico sonhando em ter uma casinha nova pra montar lá na fazenda. Quem sabe um dia...

UMA CASINHA DE BONECAS

Fiz dois vídeos nesta casinha. Faz muito tempo, mas até hoje eles são um sucesso!

OS TEATRINHOS

A gente continua fazendo tudo em família, sem nenhuma ajuda profissional. Os teatrinhos, por exemplo, normalmente são organizados pela minha mãe. A gente pensa em um tema, e ela faz uma lista de tipos ou pensa em um roteirinho. A minha avó é quem cuida de figurino e decoração – ela trabalha com confecção, então faz tudo muito bem!

Depois é só convocar os "atores" (minha mãe, minha irmã, meu primo...) e armar o circo! Não tem nada escrito. A gente ensaia um pouquinho, mas na hora que liga a câmera sai tudo meio no improviso. Minha mãe vai soprando as falas, dando ideias e a gente vai fazendo. Quando a gente planeja muito, fica chato. Improvisado é bem mais legal.

Tem gente que me pergunta se eu não fico com vergonha de gravar (até porque eu sou péssima atriz, né, gente!). Mas eu não fico, não. Porque na hora de gravar eu não estou vendo o público, eu estou só vendo a minha família, então fica tudo normal.

MEUS SEGREDOS PARA TER UM CANAL DE SUCESSO

- **Seja você mesma**
- **Envolva a sua família**
- **Pense no tipo de público que você quer (no meu caso, queria falar com crianças, por isso a gente faz um canal bem familiar)**
- **Faça vídeos do bem, que deixem uma mensagem bacana**
- **Divirta-se!**
- **Faça seus vídeos com amor**
- **Não fique pensando no sucesso. Quanto menos você pensar nisso, mais legal vai ser!**

AS CRÍTICAS

Os meus vídeos são muito comentados: tem vídeo com mais de mil comentários! Na maioria das vezes, os comentários são bem legais, de meninas e meninos que gostam de mim. Mas às vezes vem uns comentários maldosos. Gente que aproveita a internet pra xingar, pra falar mal, sabe? No começo, eu me abalava muito quando isso acontecia.

Mas agora estou lidando melhor. Até porque os comentários chegam primeiro para a minha mãe e ela exclui os que são muito maldosos e bloqueia aquela pessoa. Mas se acontece de eu ver algum, eu tento não me magoar – a gente não pode dar atenção pra esse tipo de pessoa, não acha? Temos que guardar o que vale a pena, o que deixa a gente feliz! Olha o que eu já ouvi por aí:

"Nossa, como você tá gorda!"
Gente, eu comecei a fazer vídeos com 8 anos. Agora tenho 11. Claro que, nesse tempo, meu corpo mudou muito. Mas é normal. Ainda mais na época das férias: quem é que resiste àquele tanto de coisa boa que a mãe e a avó da gente fazem?

Até pensei em fazer um regime. Mas aí minha mãe me ofereceu um sorvetinho... Desisti!

"Afe, Duda, como você é infantil! Até hoje brinca de boneca?"

Brinco, sim. Eu AMO brincar de boneca. AMO brincar com a minha irmã, com meus primos, minhas amigas. Eu acho que cada coisa na vida tem sua hora. Eu tenho 11 anos e ainda gosto muito de brincar. Não vou deixar de fazer isso só porque tem gente que torce o nariz. E já recebi um monte de mensagens de meninas dizendo: "Duda, que bom que você gosta de brincar. Me deu até vontade de brincar também!" Viu que coisa legal?

"Você não tem mais idade pra usar lancheira..."

Por que não, gente? Eu gosto de levar lanchinhos de casa pra escola. Às vezes compro na cantina, mas é mais raro – até porque nem sempre a minha mãe me dá dinheiro para isso. Ela acha os lanches de casa mais saudáveis. Eu gosto mais também. E outra coisa: quem foi que disse que tem idade certa pra usar lancheira?

"Como a Duda é burra – ela faz aula de reforço!"

Olha, eu não me acho burra. Eu sou uma aluna nota 8. Isso não é ruim, né? Mas eu tenho dificuldades com alguns assuntos e, como eu disse antes, sou muito ansiosa: fazer aula de reforço me dá mais segurança, mais confiança. Não significa que eu seja burra.

QUANDO EU FICO

Converso com uma amiga

Brinco com as minhas bonecas

Como sorvete com bolo de chocolate!

Assisto a vídeos no YouTube (a Bel e a mãe dela sempre me colocam pra cima!)

Jogo Just Dance com a Bebel

Fico quieta no meu quarto e, às vezes, choro um pouco

TRISTE, EU...

Invento um desafio divertido para fazer com minha mãe (como o "Fale qualquer coisa!")

Faço um vídeo!

Quem sabe não funciona para você também?

"DUDA, VOCÊ É RICA?"

Essa foi a pergunta que mais ouvi na história do meu canal. Principalmente no começo. E eu não gosto muito dessa pergunta, porque eu não entendo que diferença isso faz. Conversei com a minha mãe e ela me explicou que a gente tem uma boa condição financeira, mas que isso não quer dizer muita coisa. Que o mais importante não é o dinheiro, é a gente ser uma pessoa legal e ser feliz. Eu acho que ela está certa. Você não acha?

7

MEUS SEGUIDORES

Gravar, pra mim, sempre foi uma brincadeira. Eu não tinha muita ideia de como o canal estava grande e não acreditava que eu tivesse fãs nem nada disso. Tanto que me assustei na primeira vez que alguém me pediu um autógrafo! Foi no primeiro evento de que eu participei – eu estava animada para ver as coleções de Monster High, nem imaginava que ia ter tanta gente lá só pra me ver! Foram tantas pessoas me pedindo autógrafo, foto, abraços, que eu fiquei meio assustada, meio em choque mesmo.

Eu e a minha mãe no evento Anime Friends:
foi a primeira vez em que eu dei autógrafo!

Demorei um pouco pra relaxar. Depois de um tempinho, comecei a conversar com o pessoal e aproveitei muito. Conversei com um monte de meninas, trocamos telefones e tudo. Nunca vou esquecer esse dia!

Eu considero os meus seguidores meus amigos. Eu gosto de encontrar, de conversar, de brincar com eles. Eles são meninas e meninos como você, que está me lendo agora. Sem você, nada disso teria acontecido.

DEPOIMENTOS DOS SEGUIDORES

"Eu procurava um modelo de casinha de madeira para fazer para a minha neta e acabei encontrando o vídeo da casinha de bonecas da Duda. Assistimos e adoramos! Minha netinha viu o mesmo vídeo por dias e, até hoje, é o que a gente mais vê no canal. O mais legal no canal da Duda é que os vídeos passam uma mensagem boa, são próprios para a família. E, mesmo tendo muito, a Maria Eduarda é uma menina humilde, carismática e com um 'quezinho' de timidez que nos conquistou desde o primeiro dia. Maria Eduarda, muito obrigada por alegrar a gente com seus vídeos!"

Nilva Silva, avó de Catarina, de São Luiz do Norte (GO)

"Eu conheci o canal em 2013, quando tinha apenas um vídeo da coleção de Monster High. Eu gostava muito de vídeos de bonecas e, fuçando no YouTube, conheci a Maria Eduarda. Eu gosto muito da Duda e da família dela, eles são muito divertidos, engraçados e simpáticos! Os vídeos com a família são os meus preferidos hoje em dia, mas o meu vídeo favorito é o 'Respondendo aos fãs com 2 Dudas', porque ela fala de mim, da primeira vez que a gente se viu! Sempre que eu chego da escola, eu corro pro computador para ver se tem vídeo novo!"

Leticia Ribas, 13 anos, de Guarulhos (SP)

"Eu adoro vídeos de desafios, tipos, bonecas, rotinas... Então, eu adoro o canal da Duda! Conheci o canal em 2014 e, desde então, nunca mais deixei de assistir. Amo os vídeos dos tipos – a edição é sempre muito legal! Eu acho a Duda especial porque ela não se acha, sabe? Ela é uma menina como qualquer outra. Nunca vou esquecer daquele vídeo em que ela fala assim: 'Oi, galera Monster! Meu nome é Maria Eduarda e hoje eu vou mostrar minha coleção de Monster High. Vamos lá?' Achei tão fofa e tão única! A Duda me inspira a ser uma pessoa mais sincera e mais compreensiva. Às vezes, quando eu estou um pouco brava, penso nisso..."
Mariana Vicentini, 12 anos, de São Paulo (SP)

"Eu e minhas filhas Duda e Vivi colecionamos Monster High. Quando descobri o canal da Duda, mostrei pra elas e elas adoraram! Isso foi em 2014, mas acompanhamos até hoje. A gente adora os vídeos que ela faz com a mãe – nosso favorito é o 'Qual é a música'. Muito divertido! É muito legal ver a evolução da Duda e a alegria com que ela grava cada vídeo novo. Estamos sempre torcendo por você, Duda!"
Ticiana Carvalho, mãe da Duda e da Vivi, de Taubaté (SP)

"Gostei da Duda desde o primeiro vídeo a que assisti, que foi o do seu aniversário de 8 anos, com o tema de Monster High. Hoje, o meu vídeo favorito é o 'Smoothie Chalenge' – eu adoro quando o Lucas, primo dela, participa dos desafios: fica sempre muito engraçado! Também curto quando a mãe e a irmã Bebel aparecem. Todo mundo nessa família é muito divertido! Assisto ao canal todos os dias: eles deixam as minhas tardes muito mais alegres. Estou torcendo muito para ela chegar logo a 1 milhão de inscritos no Facebook!"

Luana Victório Ribeiro, 10 anos, de Florestópolis (PR)

"Eu amava Monster High e foi assim que descobri o canal da Duda. Passei a seguir os vídeos, porque a Duda é uma fofa, faz coisas tão divertidas! Eu gosto das novelinhas, dos desafios, dos reviews de compras.... O mais legal é que ela é carinhosa, sempre fala dos fãs nos vídeos. Eu mesma apareci em um dos vídeos dela, em um encontro de youtubers mirins! Eu já gostava do canal dela, mas quando a conheci pessoalmente, vi o quanto ela é verdadeira!"

Beatriz Oliveira, 12 anos, de São Paulo (SP)

DAQUI PRA

Eu nunca pensei em desistir do meu canal, nem mesmo quando eu leio comentários chatos. Eu amo gravar vídeos, adoro ter amigos do outro lado da tela do computador, me divirto muito com isso. Minha mãe sempre me pergunta se eu quero mesmo continuar, me diz que isso não é um trabalho, que eu não sou obrigada a fazer nada. Mas eu gravo vídeos por puro prazer e não quero deixar de fazer isso nunca!

Quando eu crescer, quero fazer publicidade, para trabalhar com comunicação. E, quando eu já não gostar mais de Monster High e não quiser mais brincar, vou fazer um blog e gravar vídeos de beleza. Mas nem quero pensar agora, porque isso ainda vai demorar muuuuuito pra acontecer! Até lá, quero aproveitar o meu tempo de criança, rodeada de brincadeiras e de pessoas legais como você. Vem comigo?

FRENTE

1ª edição	Julho de 2016
papel de miolo	Offset 90g/m^2
papel de capa	Cartão Supremo 250g/m^2
tipografia	ITC Goudy Sans Std
gráfica	*Santuário*